Schrägfahren

Neutralstellung

Fertig zum Snowboarden

Schußfahrt

Aufwärmübungen

Sichere Landungen

Werkzeugsatz

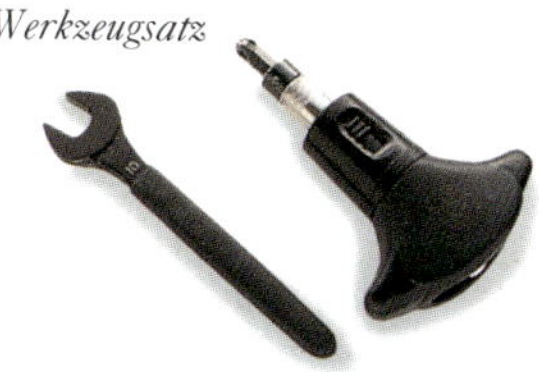

Wachs zur Pflege

LUST AUF SNOWBOARDEN

BRYAN IGUCHI

Was man anzieht

Wieder auf die Füße kommen

Slalomrennen

Sturz nach hinten

»Flat« fahren

pietsch

»Ich versuche, so viel wie möglich im Pulverschnee zu fahren, aber Surfen und Skateboarden machen mir auch eine Menge Spaß.«

An alle jungen Snowboarder

DIE BERGE BIETEN uns Frieden und Freiheit auf eine Weise, wie wir sie nirgends sonst in der Welt finden. Für mich wurde – wie für viele andere auch – das Snowboarden mehr als nur ein Sport, es wurde meine Art zu leben. Geduld und Hingabe führen dazu, daß wir mit dem Snowboard und ein paar Freunden eine Menge Spaß haben können. Das Snowboarden hat mich aber auch gelehrt, die Natur zu respektieren und froh über meine sportlichen Leistungen zu sein. In vielen Wettkämpfen habe ich gelernt, mit Ängsten fertigzuwerden und in kritischen Situationen ruhig zu bleiben. Ich wünsche Dir, daß Dir das Snowboarden ebensoviel Spaß und Spannung bereiten wird wie mir.

Bryan Iguchi

»Frischer Tiefschnee ist das Tollste, was Snowboarden zu bieten hat.«

»Viele Snowboardtricks kommen eigentlich vom Skateboarden her, zum Beispiel der, den ich hier zeige. Er nennt sich 'method air'.

»Sprünge an der Felswand können Spaß machen, wenn man sicher sein kann, daß man heil landet. Aber bitte versuch so etwas nicht selber, denn das schaffen nur ganz versierte Snowboarder.«

Werkzeugsatz

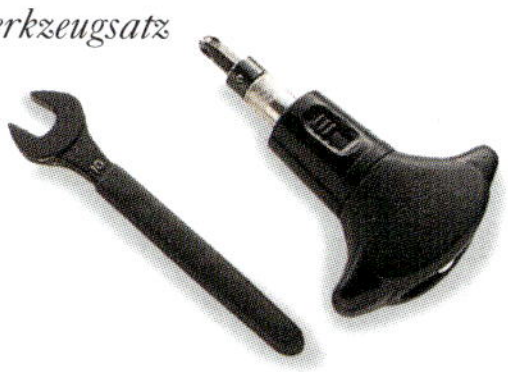

Wachs zur Pflege

LUST AUF SNOWBOARDEN

BRYAN IGUCHI

Was man anzieht

Wieder auf die Füße kommen

Slalomrennen

Sturz nach hinten

»Flat« fahren

pietsch

EIN DORLING KINDERSLEY BUCH

Originaltitel: **The Young Snowboarder. A Young Enthusiast's Guide to Snowboarding**

ISBN der Originalausgabe: 0-7513-5610-7

Die jungen Snowboarder in diesem Buch sind:
Tariq Alatas, Kate Blackshaw, Rachel Davis, Ryan Davis, Arash Hamrahian.

Deutsche Fassung: **Günther Görtz**.

Einbandgestaltung: Bernd Peter.
Titelbild: Umschlagbilder der Originalausgabe.

ISBN 3-613-50280-1

Ein Unternehmen der Paul Pietsch Verlage GmbH + Co
1. Auflage 1997

Lektor: Oliver Schwarz
Satz: IPa Vaihingen/Enz
Printed and bound in Italy by L.E.G.O.

Inhalt

An alle jungen Snowboarder

DIE BERGE BIETEN uns Frieden und Freiheit auf eine Weise, wie wir sie nirgends sonst in der Welt finden. Für mich wurde – wie für viele andere auch – das Snowboarden mehr als nur ein Sport, es wurde meine Art zu leben. Geduld und Hingabe führen dazu, daß wir mit dem Snowboard und ein paar Freunden eine Menge Spaß haben können. Das Snowboarden hat mich aber auch gelehrt, die Natur zu respektieren und froh über meine sportlichen Leistungen zu sein. In vielen Wettkämpfen habe ich gelernt, mit Ängsten fertigzuwerden und in kritischen Situationen ruhig zu bleiben. Ich wünsche Dir, daß Dir das Snowboarden ebensoviel Spaß und Spannung bereiten wird wie mir.

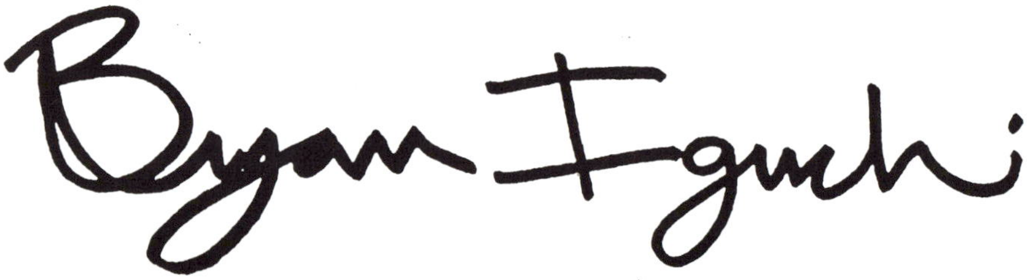

»Ich versuche, so viel wie möglich im Pulverschnee zu fahren, aber Surfen und Skateboarden machen mir auch eine Menge Spaß.«

»Frischer Tiefschnee ist das Tollste, was Snowboarden zu bieten hat.«

»Viele Snowboardtricks kommen eigentlich vom Skateboarden her, zum Beispiel der, den ich hier zeige. Er nennt sich 'method air'.

»Sprünge an der Felswand können Spaß machen, wenn man sicher sein kann, daß man heil landet. Aber bitte versuch so etwas nicht selber, denn das schaffen nur ganz versierte Snowboarder.«

Geschichte des Snowboardens

DAS SNOWBOARDEN begann in den 60er Jahren in den USA, als Sherman Poppen den »Snurfer« erfand – ein simples Brett, durch dessen Spitze er eine Schnur mit einem Handgriff zog. Die Idee des »Snurfens« (aus »snow« und »surfen« gebildet) griffen Surf-, Ski- und Skateboard-Fans auf und kamen schon bald mit Verbesserungen. Jake Burton Carpenter fügte Fußschlaufen aus Gummi hinzu, und der spätere Weltmeister der Skateboarder Tom Sims begann mit der Entwicklung von Snurfern unterschiedlicher Formen und Werkstoffe. Ende der 70er Jahre wurde das Snowboarden, wie man es dann nannte, auch bei uns zu einer regulären Sportart.

Die ersten »Snurfer«
Eine der wichtigsten Neuerungen an den ersten Ausführungen waren die einstellbaren Fußschlaufen, eine Idee von Jake Burton Carpenter. Diese Vorläufer der heutigen Bindung hatten großen Einfluß auf die Entwicklung zum Sportgerät, da sie dem Benutzer ein hohes Maß an Kontrolle brachten und längere Abfahrten ermöglichten.

Pioniere
Zu den Pionieren dieser Sportart zählt Tom Sims sowohl als Entwickler des Geräts wie als Snowboarder. 1981 gewann er mit einem Board mit Stahlkanten bei den ersten Snowboard-Meisterschaften in den USA den Slalomtitel.

Snowboarden heute
Die Übertragung von Wettkämpfen durch die Medien und das große Angebot an Gerät und Ausrüstung haben das Snowboarden inzwischen populär gemacht. Während die einen sich mehr für akrobatische Sprünge (»Tricks«) oder Slalomrennen begeistern, wollen die andern sich einfach auf den Pisten austoben, doch Jahr für Jahr fühlen sich mehr Leute vom Snowboarden angezogen.

Spaß beim Freeriding
Das ist die verbreitetste Form, das »freie« Snowboarden. Sobald Du die Grundtechniken beherrschst, kannst Du die Berghänge mit dem Snowboard erkunden und die Abfahrt mit kleineren oder größeren Sprüngen über Buckel und Senken selber gestalten.

Moderne Snowboardrennen
Beim Slalomrennen geht es ums Tempo. Geschicklichkeit, Mut und die Fortschritte in der Entwicklung der Ausrüstung ermöglichen heute dem Snowboarder, mit erstaunlichen Geschwindigkeiten durch die Tore zu »carven«.

Freestyle
Freestyle – das sind Sprünge und Übungen mit dem Snowboard, die der Schwerkraft zu spotten scheinen. Im Freestyle gibt es scharfe Konkurrenz, die dazu herausfordert, immer wieder neue, gewagte Tricks zu erfinden.

Vorbereitungen

SNOWBOARDEN ist eine tolle Sportart, für die aber die passende Ausrüstung ganz wichtig ist, gleichgültig, ob Du in den Bergen oder auf künstlichen Anlagen fahren willst. Im Fachgeschäft berät man Dich in bezug auf Boots, Boards und Bindungen. Auch die Kleidung, die für die jeweilige Art des Snowboardens am praktischsten ist, wird man Dir dort empfehlen können.

Was ziehst Du an?

In den Bergen mußt Du auf wechselnde und extreme Witterung vorbereitet sein. Jacke und Hose sollten deshalb wind- und wasserfest sein. Mehrere warme Sachen übereinander sind besser als ein zu dickes Kleidungsstück, denn Du kannst dann immer ein Stück ausziehen, wenn's Dir zu warm wird. Eine Schnee- oder Sonnenschutzbrille ist unverzichtbar, um die Augen vor dem vom Schnee reflektierten hellen Sonnenlicht zu schützen.

Zum Schutz Deiner Augen kannst Du auf eine Schnee- oder Sonnenschutzbrille nicht verzichten. Es gibt auch eine besondere Einfärbung der Gläser, die es an trüben Tagen erlaubt, Senken und Buckel im Schnee gut zu erkennen.

Um Dich vor Sonnenbrand und rissiger Haut bei kaltem Wind zu schützen, solltest Du Dich immer eincremen. Trag auf die Lippen reichlich Lippenschutzbalsam auf.

Die Fangleine oder »leash« wird zur Sicherheit am Bein befestigt, damit das Board sich nicht selbständig machen kann. Das Festmachen sollte stets das erste sein, wenn Du den Snowboardhang erreichst, und das letzte, wenn Du ihn verläßt.

Ein Freeridingboard ist ziemlich breit und elastisch, im Vergleich mit dem steifen, schmaleren Rennboard.

Das Fachgeschäft

Such Dir ein Spezialgeschäft für Snowboarder, um wirklich gut und fachlich über Deine Ausrüstung beraten zu werden. Wenn Du das Snowboarden zum erstenmal probieren willst, ist es aber vorteilhaft, diese Dinge auszuleihen, bis Du genau weißt, was für Dich das Richtige ist.

Die Hose

Hosen sollen bequem und lose sitzen. Such Dir eine aus, die möglichst an Knien und Hosenboden verstärkt ist, die gibt Dir zusätzlichen Schutz beim Fallen und Hinsetzen im Schnee.

Im Rucksack kannst Du Kleidungsstücke, Verpflegung und Werkzeug besonders gut transportieren.

An kalten Tagen brauchst Du eine warme Mütze, die auch die Ohren bedeckt. Jacken mit Kapuze, die im Kragen verstaut wird, sind bei Kälte eine gute Sache.

Die Jacke
Spezielle Snowboardjacken sind zumeist teuer, aber Du kannst sie auch den ganzen Winter über tragen. Such Dir eine, die locker und komfortabel sitzt, lang genug ist, um auch den Hosenboden zu bedecken, und einen hohen Kragen hat, den Du gegen den kalten Wind hochschlagen kannst.

Snowboardhandschuhe schützen Deine Hände im Tiefschnee ebenso wie auf harten Pisten. Oft haben sie spezielle Verstärkungen für das Handgelenk und einen Gummizug, um keinen Schnee eindringen zu lassen.

Das Werkzeug
Für das Einstellen der Bindungen unterwegs ist es nützlich, wenn Du den passenden Schraubendreher und Schlüssel dabei hast, ebenso Kaltwachs zum Nachwachsen vor Ort. Gut gewachst fährt es sich besser. Zur Pflege des Boards gibt es für verschiedene Schneebedingungen spezielle Wachsarten.

Kaltwachs

Schraubendreher mit Einsätzen

10-mm-Gabelschlüssel

Softboots sind sehr beliebt, weil sie bequem und elastisch sitzen.

Boots und Bindungen
Stiefel (Boots) und Bindungen sind so aufgebaut, daß sie als »System« zusammenwirken. Es gibt drei Hauptarten:

Step-In-Bindung
Das ist die neueste Art der Plattenbindung. Der Boot hat eine fest eingebaute Metallbrücke, die in die Bindung beim Hineintreten automatisch einschnappt, ohne daß man sich danach bücken muß.

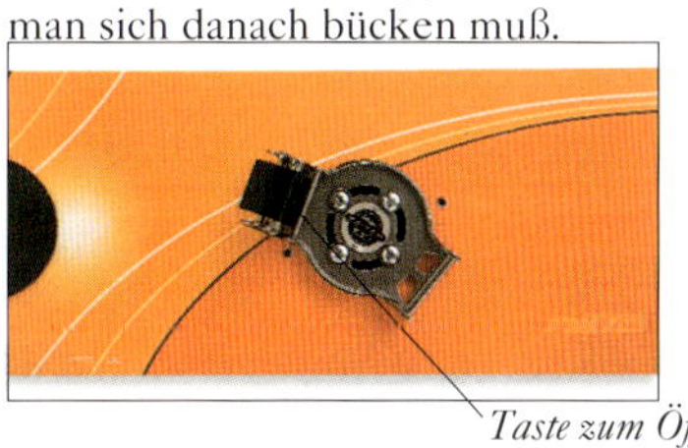

Taste zum Öffnen der Bindung

Metallbrücke

Step-In-Boot mit Schnürsenkel

Softbindung und Softboot
Das ist das Bindungssystem für den Freestyler, aber auch das Geeignete für den Anfänger. Die Bindung hat im Wadenbereich ein »Hiback« (Stütze) und verstellbare Laschen, die den Softboot halten.

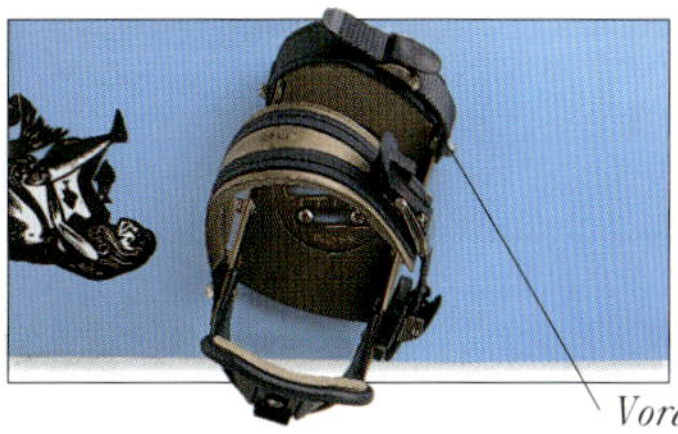

Vordere Lasche

Normaler Softboot mit Schnürsenkel

Plattenbindung und Hardboot
Für hohes Tempo und den alpinen Sport ist dieses System das Geeignete. Die Metallbügel der Bindung spannen den Hardboot (Hartschalenschuh) an den harten Kunststoffteilen im Zehen- und Fersenbereich ein.

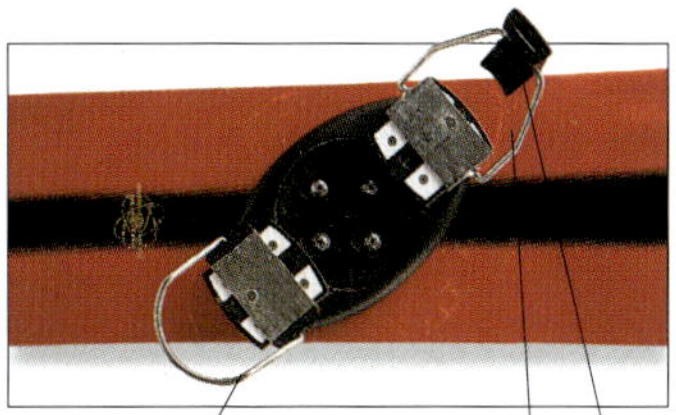

Fersenbügel *Zehenbügel* *Schließe*

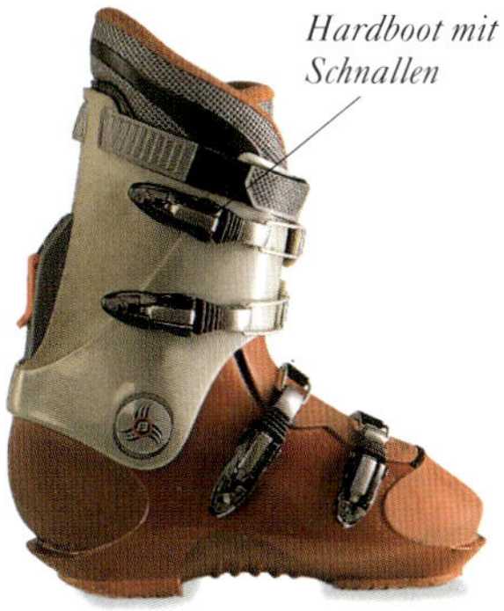

Hardboot mit Schnallen

Snowboards
Welcher Fuß in Deinem Fall vorn sein soll, mußt Du ausprobieren. Der häufigere Fall (»regular«) ist, daß der Snowboarder mit dem linken Fuß voran fährt, den andern Fall nennt man »goofy«.

Die meisten Snowboards ähneln in der Form dem auf diesem Foto, an beiden Enden (Nose und Tail) breiter als in der Mitte (Waist oder Taille). Boards für alpine Rennen sind länger und schmäler, Freestyleboards kürzer und breiter.

Regular *Goofy*

Waist oder Taille *Nose* *Tail*

Jeder fängt einmal an

DIE ERSTEN PAAR MALE wird es ein ungewohntes Gefühl sein, wenn Du mit den Boots in die Bindungen Deines Snowboards steigst. Doch schon bald wird es Dir zur Routine werden, Board und Bindungen zuerst genau anzuschauen, dann die Fangleine ums Bein zu schlingen und zuerst mit dem vorderen Fuß in die Bindung einzusteigen. Auf diesen Seiten findest Du eine Reihe von Möglichkeiten, Dich mit dem Snowboard zu bewegen, wenn nur der eine, vordere Fuß angeschnallt ist. Das sind zwar reine Anfängerübungen, aber Du wirst sehen, daß sie Dir häufig weiterhelfen können.

Das Aufsteigen

Leg das Board quer zum Hang und von Dir aus bergauf. Knie Dich (mit dem Blick zum Hang) auf das hintere Bein. Mach zuerst die »leash«, die Fangleine am Bein fest, so daß das Board nicht davongleiten kann.

1 Befestige die Leash am vorderen Bein und setz diesen Fuß in die vordere Bindung.

2 Drück die Ferse kräftig nach hinten in die Bindung und schließ die hintere Lasche.

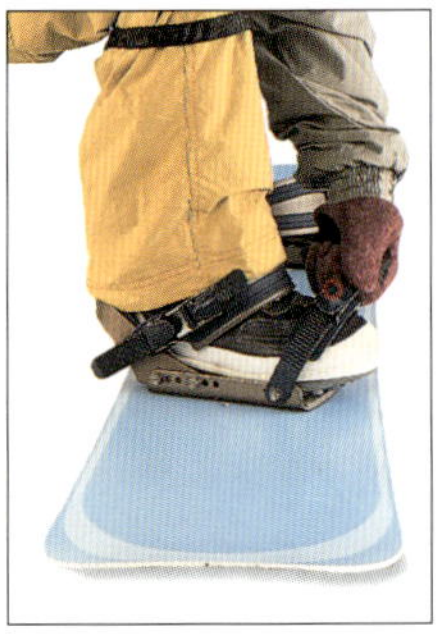

3 Schließ die vordere Lasche, steh auf und benutze die Frontsidekante (Boardkante an den Zehen, auch Zehenkante oder »toe edge«) als Bremse.

Gehen, »rollern« und wenden

Zuerst mußt Du einmal lernen, Dich mit dem Brett in der Ebene zu bewegen. Hier findest Du eine Bildfolge, mit deren Hilfe Du die einfache Fortbewegung im ebenen Schnee üben kannst.

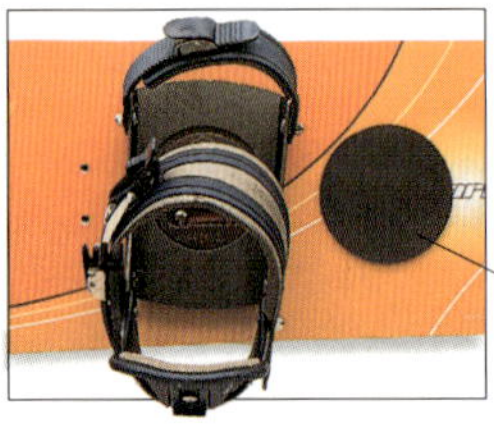

Pad

Anti-Rutsch-Pad
Neben der hinteren Bindung ist ein »pad« aufgeklebt, rutschfestes Material, auf das Du beim Rollern (»Scooten«) den freien Fuß stellen kannst.

Dreh Schultern und Oberkörper in die Richtung, in die Du gehst.

Schau nicht hinunter, um das Pad zu finden.

1 Beginne das Board mit kleinen Schritten vorwärts zu schieben. Setz den freien Fuß jeweils neben der vorderen Fußspitze auf den Schnee.

Leash (Fangleine)

2 Dann versuch zu »scooten«, Dich wie einst auf dem Kinderroller mit einem Fuß abzustoßen und auf dem Board zu gleiten. Halt das Board dabei flach am Boden.

3 Versuch Dich bei jedem Mal länger im Gleiten zu halten und setz den freien Fuß auf das Pad.

Gehen in der Ebene

Es wird immer wieder Fälle geben, wo es nötig ist, mit dem hinteren Fuß auszusteigen und ein paar Schritte zu gehen.

1 Nimm den hinteren Fuß aus der Bindung und mach einige Schritte parallel zum Board.

2 Stoß Dich mit dem freien Fuß ab und schieb das Board vorwärts. Nimm den Schwung der Arme zu Hilfe.

Bergauf gehen

Manchmal wirst Du auch einige Schritte bergauf machen müssen, so z. B. beim Warten in der Schlange vor dem Lift.

1 Nimm den hinteren Fuß aus der Bindung und mach damit einen Schritt bergauf. Dreh das Board quer zum Hang.

2 Heb das Board an und drück die Frontsidekante in den Schnee, bevor Du den nächsten Schritt machst.

4 Um das Board in eine neue Richtung zu drehen, mach einen kleinen Schritt, setz den freien Fuß vor die Zehenkante und belaste ihn.

5 Kipp das Board hinter Dir auf die Frontsidekante. Dann heb es an oder zieh es mit der Nose im Kreis um den freien Fuß herum.

6 Mach noch einen Schritt und heb das Board weiter herum. Mach kleine Schritte und halt die Füße recht dicht beieinander.

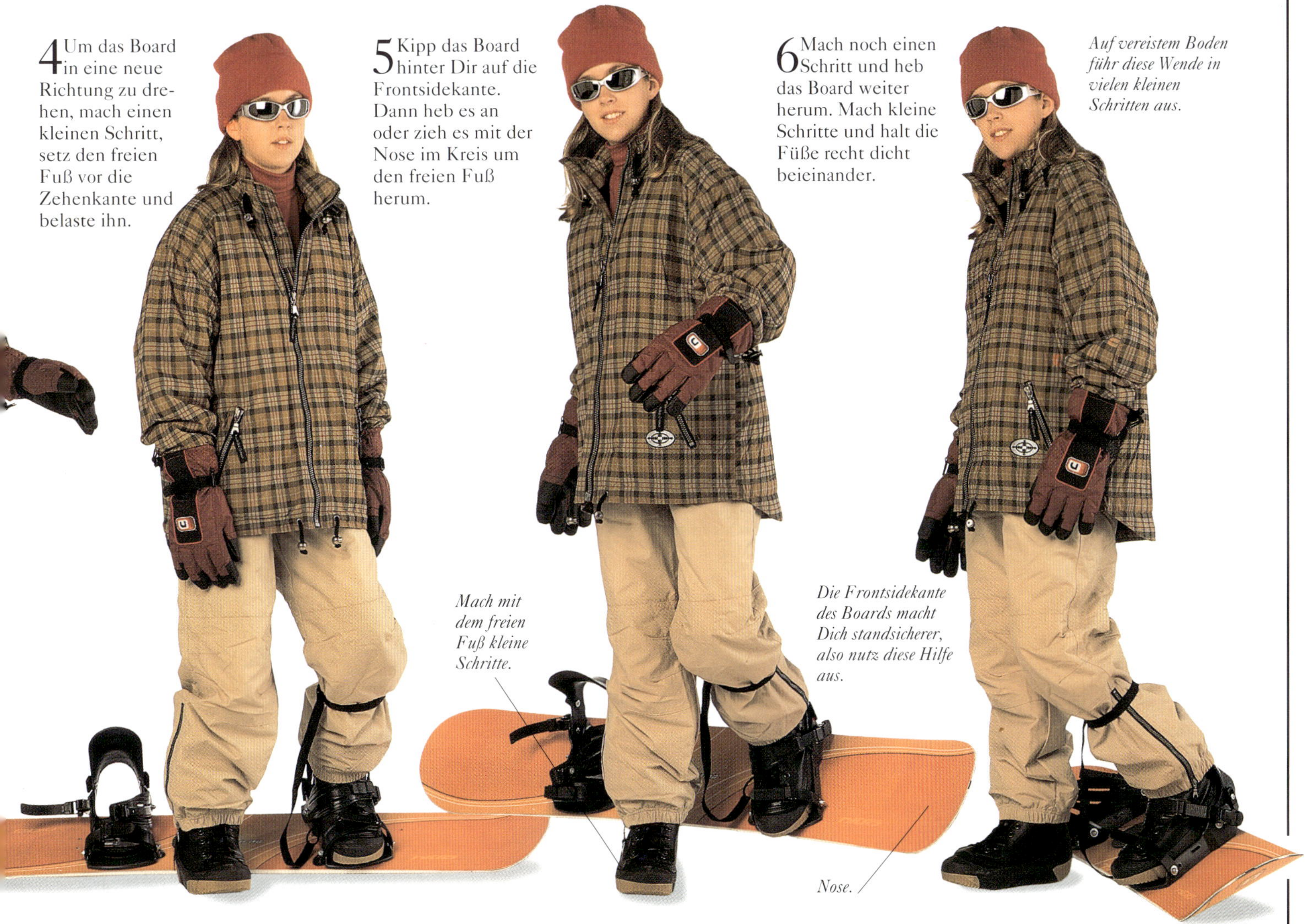

Fahren und fallen

WIE GUT DU AUCH im Snowboarden sein magst, Hinfallen gehört nun einmal dazu. Fallübungen helfen Dir, Verletzungen an Händen und Gelenken vorzubeugen und Stürze zu mildern. Und wenn Du gelernt hast, über die Frontsidekante nach dem Sturz wieder aufzustehen, kann Dir das viel Frust und Mühe ersparen, vor allem in der ersten Zeit.

Nach hinten fallen

Laß Dich über die »Backsidekante« (Fersenkante, »heel edge«) hintenüber fallen, entspann Dich, kauere Dich zusammen und roll ab.

Nimm die Hände nicht herunter.

1 Zieh die Ellbogen an den Körper und die Hände vor die Brust.

Wenn Du zu fallen beginnst, geh mit dem Körper rasch so tief wie möglich herunter.

Zieh das Kinn ein.

2 Roll Dich zusammen, so daß das Hinterteil dicht an der Backsidekante liegt.

3 Mach einen »Buckel« und la Dich zurückrollen.

Vorwärts fallen

Wichtig beim Fallen ist, die Arme an den Körper zu ziehen, bis Du unten ankommst. Dann erst müssen die Unterarme den Kopf vor dem Aufprall am Boden schützen.

Laß Dich rollen, um den Sturz abzufangen.

1 Die Fäuste sind geballt, die Ellbogen angezogen, die Arme eng an die Brust angelegt.

Zieh die Ellbogen zum Körper.

2 Laß Dich auf die Knie und weiter nach vornüber fallen, dann fang mit den Unterarmen den Stoß ab.

Nimm die Unterarme, nicht die Hände.

Verstärkungen an der Hose schützen die Knie.

3 Auf die Füße kommst Du, indem Du auf den Händen rückwärts zum Board hin »läufst«.

Grab die Zehenkante des Boards beim Aufstehen in den Schnee.

Aufstehen über die Zehenkante

Es ist leichter, nach vorn über die Toe edge als über die Heel edge hochzukommen. Nach einem Sturz nach rückwärts empfiehlt sich deshalb das folgende Vorgehen.

Schwenk das Board mit den Füßen herum.

Tail

1 Du sitzt auf dem Hosenboden, auf die Hände gestützt. Laß das hintere Ende des Boards (Tail) unten und zieh die Nose mit dem vorderen Fuß zu Dir hin.

Heb die Nose mit dem vorderen Fuß, laß das Tail am Boden.

Stütz Dich mit den Händen ab.

Beginne diesen Arm zur andern Seite zu schwenken; streck ihn zuerst nach vorn.

2 Roll Dich auf die Seite und beginne, das Board vorn anzuheben. Das Tail bleibt dabei, wo es ist.

Grundhaltungen

Auf dem Snowboard wirst Du immer eine der beiden folgenden Grundhaltungen einnehmen. Beide sollten sich entspannt, natürlich und bequem anfühlen.

Die Grundstellung

Dies ist die Körperhaltung für das Geradeaus- und Schußfahren (»flat« fahren).

Die Unterarme sind angehoben.

Der Rücken ist gerade.

Dreh Dich parallel zur Frontsidekante.

Die Neutralstellung

Diese Körperhaltung bei gleichmäßig verteiltem Gewicht wird zum Bremsen oder Seitrutschen (Sideslipping) über die Längskante eingenommen.

Die Grundstellung beim Snowboarden

Die hier gezeigte Körperhaltung wird jeder mit gewissen Varianten entsprechend seinem persönlichen Fahrstil einnehmen. Die normale Bewegung des Boards ist vorwärts, deshalb ist die Haltung so zu wählen, daß man sieht, wohin man fahren und das Board steuern muß.

Der Blick geht in Fahrtrichtung.

Der Oberkörper ist leicht zur Nose hin gedreht.

Die vordere Hand weist in die Richtung, in die Du fahren willst.

Versuch das hintere Bein entspannt zu halten.

Das vordere Knie ist leicht gebeugt und wirkt als Stoßdämpfer.

Verlagere das Gewicht etwas in Richtung vorderen Fuß.

Laß das Board flach über den Boden gleiten.

Nose

Diese Fahrhaltung sollte sich entspannt und ganz bequem anfühlen.

Tail

Das Aufstehen

Bring das Board immer von Dir aus auf die Talseite und mit der Kante quer zum Gefälle.

Schwenk das Board um das Tail herum zur andern Seite.

Stoß Dich mit den Händen ab.

3 Heb die Nose mit dem vorderen Fuß weiter an und schwenk das Board um das Tail herum zur andern Seite. Stütz Dich mit der Hand am Boden ab.

4 Bring die Nose sanft zu Boden; dabei wirst Du selbst herumrollen und auf allen Vieren kniend landen.

5 Jetzt sollte es kein Problem sein, mit Hilfe der Hände wieder auf die Füße zu kommen.

Aufwärmübungen

BEVOR DU MIT DEM SNOWBOARD davonfährst, ist es ganz wichtig, den Körper »aufzuwecken«, indem Du die Muskeln aufwärmst und streckst. Durch die Aufwärmübungen erhöhen sich Pulsschlag und Atmung, und Muskulatur und Gelenke werden gelockert. Das schützt Dich vor Verletzungen beim Snowboarden und beim Fallen. Bei den Übungen hast Du außerdem Gelegenheit, Deine Ausrüstung noch einmal zu prüfen und sicherzustellen, daß Boots und Bindungen fest und bequem sitzen.

Beginne mit kleinen Sprüngen und laß sie allmählich größer werden.

Nimm Arme und Schultern bei der Drehung zu Hilfe.

Versuch es erst in der einen und dann in der andern Richtung.

Verletzungen vermeiden
Kalte, steife Glieder sind besonders verletzungsgefährdet. Auch nach einem langen, kalten Aufstieg mit dem Skilift durch ungeschütztes Terrain wirst Du Dich eventuell wieder aufwärmen müssen.

Hüpfen und drehen

Auf der Stelle hüpfen ist ein gutes Mittel, um warm zu werden. Dreh dabei das untergeschnallte Board herum. Das ist im übrigen auch eine brauchbare Art, das Board zu wenden.

Dehnübungen (Stretching)

Wenn Du vom Hüpfen oder vom Bergaufklettern mit dem Board im Arm warm geworden bist, ist es Zeit zum Muskelstrecken. Deshalb nimm Dir Zeit für diese Übungen, bevor es den Hang hinuntergeht.

Heiß und kalt
Beim Bergaufklettern und beim Snowboarden selbst wird einem rasch warm. Denk aber daran, daß Du ebensoschnell wieder auskühlst, wenn Du eine Weile pausierst.

Versuch das Tail anzuheben.

Letzte Kontrollen
Einige dieser Übungen geben Dir Gelegenheit, die Elastizität eines ungewohnten, weil z.B. ausgeliehenen Boards zu testen.

Nach beiden Seiten
Wiederhol jede Dehnübung auch nach der anderen Richtung.

Dieses Knie leicht beugen.

Nur nicht ruckweise
Mach sanfte, langsame und ruckfreie Bewegungen beim Stretching. Dehnübungen sollen nicht weiter gehen als es Dir angenehm ist.

Halt dieses Bein gestreckt.

1 Verlagere Dein Gewicht über die Nose des Boards. Streck Dich so weit wie Du ohne zu große Mühe kannst, und behalt diese Stellung einige Sekunden lang bei. Versuch das Tail des Boards anzuheben und zu balancieren. Jetzt streck Dich zur andern Seite und versuch die Nose anzuheben.

2 Als nächstes mach eine Rumpfbeuge nach vorn und versuch die Zehenkante zuerst an der Nose, dann am Tail zu berühren. Mach sanfte, kontrollierte Bewegungen. Beug Dich nur so weit Du kannst und versuch's nicht mit kurzen, ruckartigen Bewegungen.

Die Kanten des Boards

Als Neuling möchtest Du sicher das Stehen auf den Kanten des Boards erkunden. Sie sind das Bremssystem des Snowboards, und deshalb solltest Du wissen, wie man damit umgeht. Versuch das Board nach vorn und hinten umzukippen oder darauf zu balancieren, um Dich dran zu gewöhnen, Druck auf die Kanten auszuüben.

Fersen- oder Backsidekante

Das ist die hintere Boardkante, also die unter Deinen Fersen.

Halt mit den Armen Balance.

Gesäß bei gestreckten Beinen nach hinten herausschieben.

Drück mit beiden Beinen und Füßen gleichmäßig auf die vordere, die Zehenkante.

Beug die Knie, um Dich auf die Zehenkante zu stellen.

Zehen- oder Frontsidekante

Das ist die vordere Boardkante, also die unter Deinen Zehen. Wenn immer Du zum Hang hin (bergauf) gewandt bist, solltest Du auf dieser Kante stehen.

Atmung
Versuche bei jeder Übung ganz normal zu atmen.

Es macht nichts, wenn Du die Zehen nicht ganz erreichst.

Halt die Beine gestreckt.

Nimm die Ellbogen hoch.

Verdreh den Oberkörper langsam nach beiden Seiten.

Achte darauf, daß Du den Rumpf zur Seite und nicht nach vorn beugst.

Von der Taille ab ist der Körper gestreckt.

Stütz Dich mit einer Hand an der Hüfte ab.

Entspann die Knie, drück sie nicht durch.

3 Beug Dich mit gestreckten Beinen zu den Zehen hinunter, das dehnt die hintere Muskulatur der Beine. Beug Dich nur herunter und bleib so. Komm langsam wieder hoch, damit Dir nicht schwindlig wird.

4 Jetzt kommt der Oberkörper dran. Heb die Arme, als würdest Du ein Tablett tragen, und verdreh Dich aus der Taille heraus so weit wie es geht. Behalt die Stellung kurz bei, dann dreh Dich zur anderen Seite.

5 Stretching der Seiten. Nimm den einen Arm hoch über den Kopf und beug Dich zur Seite. Stütz Dich mit der anderen Hand auf die Hüfte. Jetzt kannst Du mit dem Snowboarden loslegen.

In Bewegung

ALS ERSTES WIRST DU MERKEN, daß Dein Board seinen eigenen Kopf hat: Sobald Du Dich damit bewegen willst, rutscht es unter Dir weg. Zuerst mußt Du das Rutschen über die Kanten (»sideslipping«) lernen, dann wirst Du Dein Board selbst auf steilen Hängen unter Kontrolle halten können. Dies ist etwas, das Dir auch helfen wird, wenn's einmal eng hergeht.

Schräges »sideslipping«

Das schräge Seitrutschen ist eigentlich nichts anderes als das gerade, nur daß Du gleichzeitig Gewicht und Drehbewegung einsetzt, um schräg zum Gefälle bergab zu rutschen, in unserem Fall auf der Fersenkante.

1 Beginne am flachen Hang in Neutralstellung (siehe Seite 15, Schultern parallel zum Board) mit leichtem Druck auf die Fersenkante, um zuerst einmal ruhig zu stehen.

Halt die Hände in Hüfthöhe.

2 Jetzt belastest Du den vorderen Fuß und drehst den Oberkörper zur Boardspitze hin. Das Board setzt sich in Bewegung.

3 Hilf mit der vorderen Hand beim Steuern. Laß weiterhin die Fersenkante belastet, um nicht zu schnell zu werden, und dreh den Oberkörper zum Abbremsen weiter hangauf.

Wenn das Board abbremst, dreh Dich talwärts.

4 Während das Board zum Stehen kommt, verlagere das Gewicht auf beide Füße, nimm wieder die Neutralstellung ein und belaste die Fersenkante.

Leg das Gewicht auf diesen Fuß und beug leicht das Knie.

Jetzt beginnt die Rückwärtsfahrt (»fakie«), also mit dem Tail voran.

5 Nun wiederhol das Ganze, aber leg das Gewicht und dreh die Schultern diesmal in Richtung Tail, und gleich beginnst Du rückwärts oder »fakie« zu gleiten.

6 Mit zunehmender Sicherheit kannst Du jetzt das Board flacher fahren, also die Fersenkante entlasten, und Dich weiter zum Tail hin neigen, um schneller bergab zu gleiten.

Wie das »side-slipping« geht

Man versteht darunter das kontrollierte Rutschen die Fallinie entlang bei horizontal liegendem Board. Abwechselnd »tritt« man das Board mit einer Kante zum Abbremsen in den Schnee und kippt es dann wieder in die flache Lage, so daß es langsam oder schneller über die Längskante abrutschen kann. Das läßt sich sowohl auf der Frontside- wie auf der Backsidekante machen. Die Fotos zeigen das Slipping auf der Backside- oder Fersenkante.

1 Beginne in Neutralstellung, bergab schauend. Tritt die Fersenkante in den Hang, so daß das Board ruhig liegt, und belaste beide Füße gleichmäßig.

2 Nimm allmählich den Druck von der Fersenkante und kipp das Board leicht zur Zehenkante. Wenn es flach aufliegt, beginnt es zu rutschen.

3 Zum Abbremsen oder Anhalten kipp das Board wieder nach hinten und belaste die Fersenkante. Durch abwechselndes Auf- und Abkippen kannst Du den Hang langsam hinunterrutschen.

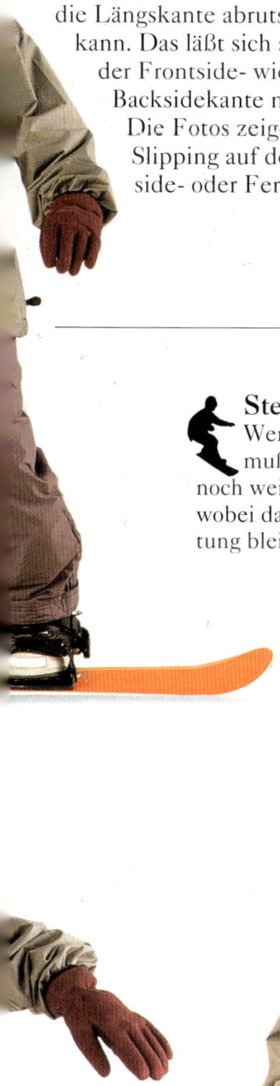

Steuern zum Anhalten

Wenn Du anhalten willst, mußt Du den Oberkörper noch weiter zum Hang zu drehen, wobei das Gewicht in Fahrtrichtung bleibt.

Schußfahrt

Nur auf einem wirklich flachen Hang mit weitem Auslauf kannst Du auch geradeaus, Nose voran, in Schußfahrt hinunterfahren. In Grundstellung stehend, laß Dein Board die Fallinie entlanggleiten. In der Auslaufebene kommst Du allmählich zum Stehen.

Schnell oder langsam

Um schneller zu fahren, steuere das Board steiler hangab, indem Du Schultern und vordere Hand mehr in Richtung Tal drehst. Langsamer wirst Du, wenn Du Arme und Oberkörper zurückdrehst.

Dreh die Schultern, um mit der vorderen Hand zu steuern.

7 Zum Abbremsen steure das Tail zur Hangseite, indem Du Oberkörper und vordere Hand weiter über das Boardende hinaus herumdrehst.

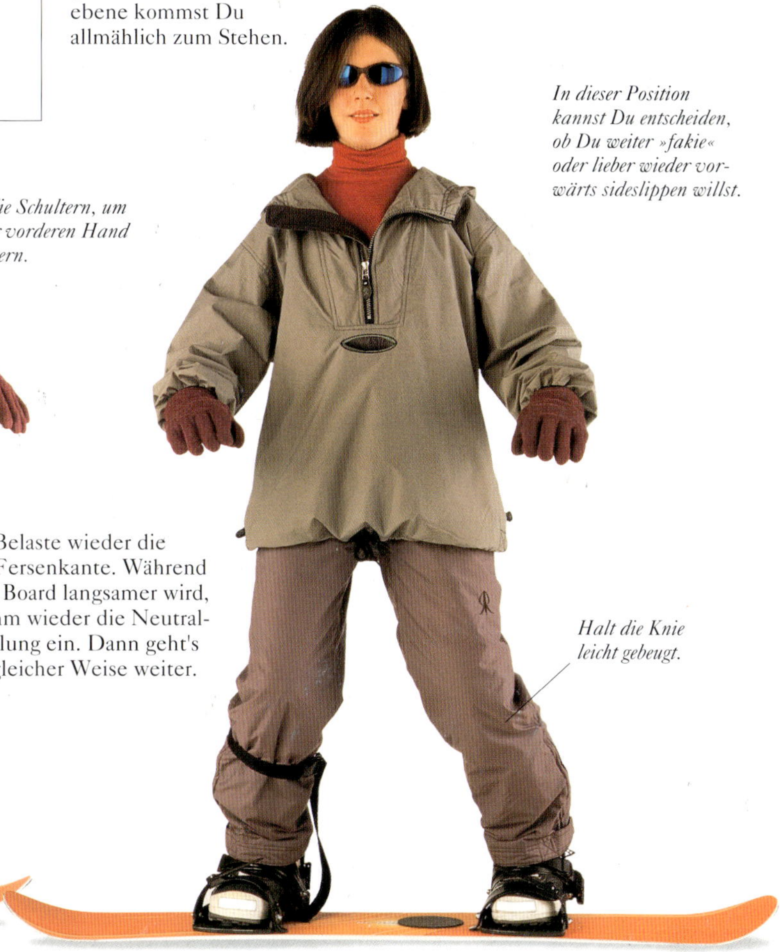

In dieser Position kannst Du entscheiden, ob Du weiter »fakie« oder lieber wieder vorwärts sideslippen willst.

Halt die Knie leicht gebeugt.

8 Belaste wieder die Fersenkante. Während das Board langsamer wird, nimm wieder die Neutralstellung ein. Dann geht's in gleicher Weise weiter.

Schrägfahren

Eine Schwierigkeit, die man als Anfänger erst überwinden muß, ist, daß Du fürchten mußt, das Board könnte mit Dir beim Wechseln von der einen zur andern Kante geradewegs den Hang hinabsausen. Um dies in den Griff zu bekommen, üb Dich im Schrägfahren, also »Zickzackfahren« auf beiden Kanten. Während der Fahrt richte dabei die jeweilige Spitze des Boards mehr und mehr zu Tal und bring es dann wieder quer zum Hang.

1 Beginne auf der Zehenkante. Leg das Gewicht nach vorn und dreh Dich in den Schultern, so daß sich die Boardspitze leicht talwärts richtet.

2 Leg das Gewicht weiter auf den vorderen Fuß und steuere mit der vorderen Hand. Wende Dich noch mehr dem Tal zu.

3 Jetzt dreh die Schultern wieder zurück, um das Snowboard abzubremsen und unter Kontrolle zu behalten. Laß Dich bis zum Stillstand gleiten.

Schrägfahren »toeside«

Beim Schrägfahren wird das Board diagonal mit Tail oder Nose voran im Zickzack über den Hang gesteuert. »Toeside« nennt man das Schrägfahren auf der Zehenkante. Durch das Drehen des Boards talwärts und zurück in die Querlage bereitest Du Dich auf die nächste Aufgabe vor: die Kurvenfahrt.

4 Jetzt wiederhol das Ganze, immer noch bei belasteter Frontsidekante, jedoch rückwärts (fakie) fahrend. Bring Dein Gewicht in Richtung Tail: Auf das »Zick« folgt nun das »Zack«.

5 Um wieder abzubremsen, dreh Schultern und Arme hangwärts. Dadurch kommt die Nose wieder herunter, das Board quer zur Fallinie und das Ganze zum Stillstand.

Lehn Dich hinein
Lehn Dich immer in die Richtung, in die Du fahren willst, schau, wohin Du fährst, und leg das Körpergewicht in Richtung der talseitigen Boardspitze.

Am Berg

Dieses Schrägfahren ist nicht immer nur ein kurzes Überqueren der Fallinie am Hang oder eine Übung für Anfänger. Vielmehr gibt es Fälle, wo es nötig ist, einen ganzen Berghang hinab oder um ihn herum auf einer Kante diagonal zu Tal zu fahren.

1 Auf der Fersenkante (Heel edge) stehend, beug das vordere Knie, so daß sich Dein Gewicht nach vorn verlagert. Dadurch beginnt die Nose talwärts zu weisen.

2 Du steuerst mit der vorderen Hand und drehst dabei die Nose weiter in die Fallinie. Laß das Board allmählich flat laufen.

3 Dreh den Oberkörper so, daß die vordere Hand bergauf weist. Dadurch kommt das Board wieder quer zum Hang und bremst ab.

Schrägfahren »heelside«

Du kannst mit dem Schrägfahren »toeside« (siehe Seite 20) oder »heelside« (auf der Fersenkante) beginnen, ganz wie es Dir leichter fällt. Doch ehe Du Dich ans Kurvenfahren wagst, mußt Du Dich in beiden Varianten sicher fühlen.

4 Auf das »Zick« folgt jetzt das »Zack«, aber diesmal mit dem Tail voran. Starte mit dem Gewicht auf der Fersenkante und beug Dich zum Tail hin. Die vordere Hand hilft steuern.

5 Durch Drehen von Arm und Oberkörper zum Hang hin bremst Du bis zum Stillstand ab; das Board steht wieder quer zur Fallinie.

Aufkanten oder flat laufen lassen

Belaste die hangseitige Kante (»aufkanten«), außer wenn das Board flat laufen, das heißt schneller werden soll. Zum Bremsen wird dieselbe Kante dann wieder belastet.

Basisschwünge

NACHDEM DU NUN schon quer zum Hang und schräg hangab fahren kannst, ist es Zeit, Kurven oder »Driftschwünge« zu probieren. Das Geheimnis beim Kurvenfahren ist, zu lernen, wie man mit seinem Gewicht die einzelnen Abschnitte des Boards belastet. Die Skizze auf dieser Seite soll verdeutlichen, wo dieses Gewicht eingesetzt wird, um das Drehen des Boards zu bewirken.

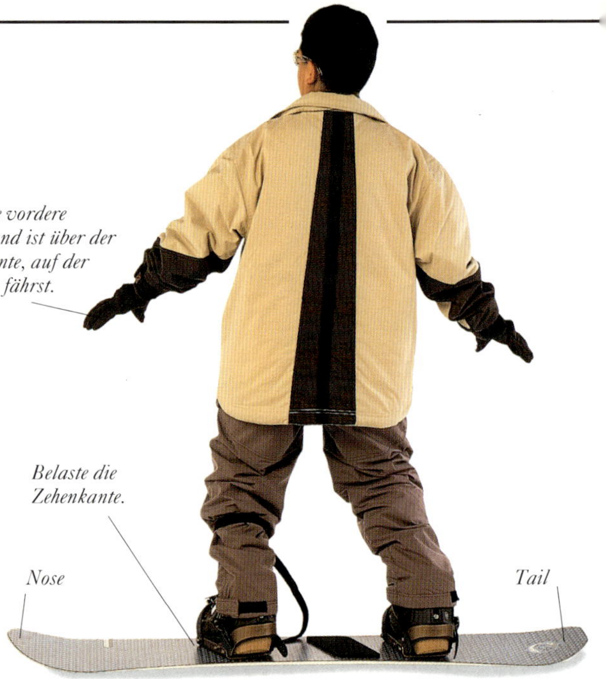

1 Setz das Board quer zum Hang auf (Querlage), Gesicht zum Hang, Gewicht gleichmäßig auf beiden Füßen, Frontsidekante belastet.

2 Setz Dich langsam in Bewegung, indem Du das Gewicht etwas auf das vordere Bein verlagerst und den Körper in Fahrstellung bringst, also zur Nose hin drehst.

Heelsidekurve oder Backsideschwung

Bei der Heelsidekurve beginnst Du auf der Frontsidekante, fährst einen Augenblick flat talwärts und endest auf der Heel edge.

3 Während die Nose beginnt, talwärts zu weisen, beweg die Arme nach vorwärts-aufwärts. Entlaste jetzt die Frontsidekante und laß das Board flat laufen.

Lastzonen

Die farbigen Zonen zeigen, wo Du das Board zur Kurvenfahrt in den einzelnen Phasen belasten mußt.

4 Beginne nun, mit dem vorderen Fuß die Fersenkante zu belasten. Laß die Arme erhoben.

5 Nachdem sich das Board wieder quer zum Hang einstellt, geh leicht in die Knie und belaste die Fersenkante mit beiden Füßen, um abzubremsen.

Ein Sturz

Laß Dich durch einen Sturz nicht abschrecken, sondern denk an das, was wir zum sicheren Fallen gesagt haben. Auch die besten Fahrer rutschen manchmal weg, oft sogar spektakulär!

Richtig belasten

Denk dran: Wenn Du das Gewicht zu weit zum Tail verlagerst, schwenkt es weiter herum und wendet sich mehr zum Tal als beabsichtigt.

Toesidekurve oder Frontsideschwung

Bei der Toesidekurve beginnst Du auf der Backsidekante, gleitest dann kurz flat talwärts und endest auf der Toe edge.

1 Starte talwärts schauend mit dem Board quer zum Hang (Querlage), belaste die Fersenkante und setz Dich langsam in Bewegung.

2 Neig Dich leicht in die beabsichtigte Richtung und verlagere das Gewicht zum vorderen Fuß, belaste aber weiter die Backsidekante.

Der Übungshügel

Such Dir einen weiten, flachen und wenig belebten Hang, um die ersten Kurven zu probieren. Als Anfänger bist Du an einem steileren Hang nicht imstande, das Board unter Kontrolle zu halten.

Ruhige Bewegungen

Führ alle Bewegungen ruhig und bedächtig aus und laß Dich nicht von einer Phase zur nächsten hetzen.

3 Wenn das Board mit der Nose talwärts dreht, streck die Beine wie zum Schlußsprung und heb die Arme hoch und nach vorn.

4 Jetzt geh wieder herunter in die Kniebeuge und belaste die vordere Partie der Frontsidekante, so daß das Tail herumschwenkt.

5 Belaste die Frontsidekante mit beiden Füßen und bring das Board allmählich wieder in die Querlage.

Die vordere Hand

Achte darauf, daß sich die vordere Hand während der ganzen Kurvenfahrt stets über der Kante befindet, auf der Du fährst.

Schwünge verbinden

Jetzt kann der Spass wirklich beginnen! Wenn Du die Basisschwünge auf Zehen- und Fersenkante beherrschst, ist es nicht mehr schwer, beide aneinanderzureihen. Das bedeutet, daß Du imstande sein wirst, die Hänge sanft und ohne Stehenbleiben hinunterzugleiten. Üb aber immer zuerst an einem flachen, unbelebten Hügel, ehe Du Dich an steilere Abfahrten wagst.

Verbinden der Basisschwünge

Such Dir einen Übungshügel mit viel Platz und fang damit an, erst einmal zwei oder drei der zuvor erlernten Schwünge aneinanderzureihen.

1 Starte auf der Frontsidekante, Gesicht zum Hang, aber sieh Dich um, ob alles frei ist. Dann beginne mit langsamem Schrägfahren.

2 Erhöhe den Druck auf die Nose des Boards, so daß sie allmählich mehr talwärts weist.

3 Jetzt fang an, den Oberkörper in den Hüften zur Talseite hin zu drehen. Laß das Gewicht auf vorderem Fuß und Zehenkante.

4 Die vordere Hand kreuzt jetzt über die Brettspitze hinweg, während das Board in der Fallinie liegt.

Nur keine Eile
Laß Dir Zeit beim Wechsel von der einen zur andern Kante und gib dem Board Zeit, die Kurve zu auszufahren.

Wenn nötig, bremsen!
Denk dran: »Bremse« anziehen, wenn immer Du meinst, daß das Board zu schnell wird.

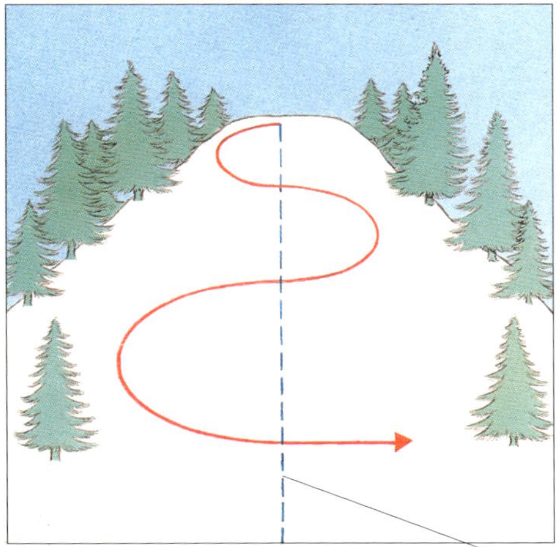

Die Fallinie

Ein Ball, der den Hang herabrollt, nimmt stets den direkten Weg. Dieser ist hier als gestrichelte Linie eingezeichnet und heißt »Fallinie«. Das Abschätzen der Fallinie eines Abhangs hilft Dir, Deine Bahn den Hang hinunter zu wählen und zu bestimmen, wo Du die Kurven fahren wirst. Für Snowboarder ist die Fallinie besonders wichtig, weil sie ihr Tempo durch ständiges Kreuzen dieser Linie regeln.

5 Leg Dein Gewicht weiterhin auf den vorderen Fuß und fang an, die Backsidekante zu belasten. Laß das Board die Kurve ausfahren, indem Du es mit dem Körper steuerst.

Beginne die Backsidekante zu belasten.

6 Geh tief in die Kniebeuge. Dadurch beginnt die Backsidekante zu greifen und Dir bei der Regelung des Tempos zu helfen.

Geh in die Kniebeuge und fühl, wie jetzt die andere Kante unter dem vorderen Fuß zu greifen beginnt.

7 Neig Dich nach vorn. Gleich, wenn der nächste Schwung beginnt, müssen die Arme wieder über die Nose hinwegkreuzen.

Halt den Rücken gerade, knick nicht ein.

8 Bleib aufgerichtet und belaste die Boardspitze, bis Du auf die andere Kante überwechselst.

Laß das Tail frei herumschwenken.

Geh in die Kniebeuge und leg das Gewicht nach vorn.

Geh herunter, um den Druck auf die Frontsidekante zu erhöhen.

9 Geh wieder tief in die Kniebeuge, dann kannst Du auf der Zehenkante fahrend das Tempo bestimmen.

Seine Grenzen kennen

Nachdem Du das Verbinden der Basisschwünge und das Steuern und Bremsen beherrschst, kannst Du wirklich beginnen, die Berge zu genießen. Aber sei Dir über Deine Grenzen bewußt, bleib auf ausgewiesenen Pisten, die Deinem Erfahrungsstand entsprechen. Versuch vorläufig auf keinen Fall, schwierige Hänge abseits der markierten Pisten zu erkunden.

Ausstrecken

Mit dem Strecken der Beine hebst Du den Körper hinauf, Du »wächst« und entlastest das Board, so daß es leichter herumschwenkt.

Kniebeuge

In der Kniebeuge kann man sein Gewicht nutzen, um das Board zu steuern und das Tempo zu regulieren.

Carven

DER ÜBERGANG zum Carven wird Dir die Möglichkeiten des alpinen Snowboardens erst wahrhaft eröffnen. Unter Carven versteht man das Kurvenfahren im Grenzbereich, bei dem die Boardkante eine Spur in den Schnee schneidet. Der Kantenwechsel geht hier früher vor sich als beim Basisschwung, und das Tail schwenkt nicht herum und bremst das Board, sondern folgt der Nose in der Spur.

Backside-Carven

Backside- oder Heelside-Carven beginnt zwar auf der Frontsidekante, doch man wechselt zur Backsidekante noch bevor man die Fallinie kreuzt. Die bogenförmige Taillierung der Boardkante zwingt das Board um die Kurve und erlaubt das Carven.

1 Beginne mit einer Schrägfahrt »toeside« mit ziemlich steil gestelltem Board. Das ist nötig, um das Tempo aufzubauen, das Du für das Carven brauchst.

Verschieb das Körpergewicht nach vorn.

Beginne Schultern und vorderen Arm talwärts zu drehen.

2 Belaste die Fersenkante, während Du jetzt Kopf, Schultern, vorderen Arm und Hüften in die Kurve hineindrehst.

Wechsle zur Backsidekante.

Halt den Rücken gerade.

3 Gib den vollen Druck des Körpergewichts auf die Fersenkante, indem Du die Hüfte zurücknimmst und Dich regelrecht in die Kurve legst. Jetzt »greift« die Kante.

Knick das hintere Knie in Richtung vorderes Bein ein.

Leg Dich über der Fersenkante in die Kurve.

Halt mit ausgebreiteten Armen Balance.

4 Sobald die Kurve gefahren ist, beginn die Beine zu strecken. Stoß Dich über die Fersenkante ab, komm wieder hoch und kipp das Board flat. Bereite Dich auf das anschließende Frontside-Carven vor.

Fließende Bewegungen
Mit der Zeit lernst Du, den Kantenwechsel in einem eleganten, fließenden Bewegungsablauf zu machen.

Beweg Dich gleitend
Versuch die Drehbewegung des Oberkörpers, die den vorderen Fuß steuert, mit der Auf- und Abbewegung in den Knien zu koordinieren, dann fließen die Kurven ineinander.

Frontside-Carven

Das Frontside- oder Toeside-Carven geht im wesentlichen wie das Backside-Carven und beginnt entsprechend auf der Fersenkante. Das eigentliche Carven ist das Verbinden von Heelside- und Toeside-Carven, Kurve für Kurve, um die Piste elegant und rhythmisch hinabzufahren und eine S-förmige Spur hinter sich herzuziehen.

1 Bereite Dich mit einer Schrägfahrt »heelside« quer zum Hang auf die Kurvenfahrt vor. Du mußt schnell Tempo gewinnen, wenn Du erfolgreich carven willst.

Mit einer steilen Schrägfahrt »heelside« wird Tempo aufgebaut.

In der Schräglage leg Dein Gewicht nach vorn.

Beginn die Schultern zu verdrehen.

Breite die Arme zum Balance halten aus.

2 Wenn das Board schneller wird, dreh Schultern und Arme in Richtung der Kurve. Kipp das Board jetzt auf die Zehenkante.

Kipp das Board auf die Zehenkante.

3 Schwenk den vorderen Arm herum, geh in die Kniebeuge und leg Dich nach vorn in die Kurve, so daß das Körpergewicht voll auf der Zehenkante (toeside) liegt.

Halt den Rücken gerade, knick nicht in der Taille ab.

Beug Knie und Fußgelenke.

Der Kantenwechsel erfolgt, bevor das Board die Fallinie kreuzt.

Wie stark Du Dich vorneigst, hängt vom Kurventempo ab.

Schau in Fahrtrichtung und leg Dich in die Kurve.

4 Während das Board die Fallinie kreuzt und die Kurve ausgefahren ist, beginn Dich aufzurichten und auf die nächste Backsidekurve vorzubereiten.

Extreme Kurvenneigung
Mit höherem Tempo und korrektem Carven ergibt sich schließlich auch eine so extreme Haltung wie die auf dem Foto.

Tricks und Spins am Boden

UNTER DEM BEGRIFF »Freestyle Riding« verstehen wir alle möglichen Tricks (kleine Kunststücke) und Spins (Drehungen) am Boden und in der Luft. Tricks – Du kannst Dir immer wieder neue ausdenken – machen Spaß auszuprobieren, aber vorher mußt Du die Grundfertigkeiten beherrschen. So sind »nose slide«, »tail slide«, »spin« und das Rückwärtsfahren oder »fakie« ganz wichtige Vorübungen und bilden die Grundlage für viele anspruchsvollere Tricks am Boden und in der Luft.

Tail slide

Das Gleiten oder Rutschen auf dem Tail ist die erste Stufe vieler Tricks und Spins. Wenn diese Grundübung »sitzt«, gibt es eine Menge Varianten auszuprobieren.

Tail hoch
Versuch das Tail jedesmal, wenn Du diese Übung machst, ein bißchen länger hochzuhalten.

Halt den Rücken gerade.

1 Starte in entspannter Grundstellung, das Board flat talwärts geradeaus.

Nose slide bis zum Fakie

Mit zunehmendem Selbstvertrauen wirst Du vermutlich auch neue Übungen ausprobieren wollen. Der hier gezeigte Nose slide geht in eine 180-Grad-Drehung über und endet rückwärts, also »fakie«.

Steh beim Start zu diesem Trick ganz entspannt auf dem Board.

Der Oberkörper sollte talwärts gerichtet bleiben.

Beginne mit dem vorderen Bein in die Kniebeuge zu gehen.

Nose

1 Aus der Schußfahrt talwärts leg das ganze Gewicht auf den vorderen Fuß und beuge leicht das vordere Knie.

Nimm die Arme nach hinten, bereit, die Drehung zu unterstützen.

Beug das vordere Knie.

Heb das Tail mit dem gestreckten hinteren Bein.

2 Laß die Schultern weiter talwärts gerichtet, nimm aber die Arme nach hinten (Hände über dem Tail) und heb das Tail an.

Die Arme unterstützen die Drehung.

2 Leg das ganze Gewicht auf den hinteren Fuß und breite die Arme zum Ausbalancieren aus.

3 Zieh mit dem vorderen Fuß die Nose hoch. Halt die Arme ausgestreckt.

4 Laß das Körpergewicht auf dem hinteren Fuß und fahr mit angehobener Nose.

5 Belaste schließlich wieder den vorderen Fuß, um die Nose herunterzulassen.

Der Spin
Schwing die Hüften mit dem Drehen der Schultern herum, und das Board dreht sich mit.

3 Halt das Tail hoch in der Luft. Schwing Oberkörper und Arme herum und nutz den Schwung dazu aus, das Tail herumzudrehen.

4 Laß das Board kommen, bis das Tail um 180 Grad herumgeschwenkt ist (Spin), und hilf mit dem hinteren Bein nach.

5 Wenn Du jetzt das Tail wieder herunterkommen läßt, wird der bisher hintere zum vorderen Fuß. Den belastest Du nun und fährst fakie.

Tricks in der Luft

LUFTSPRÜNGE (»AIRS«) sind durchaus nicht nur etwas für Waghalsige oder besonders Talentierte. Wenn Du erst einmal die Grundtechniken beim Snowboarden beherrschst, wirst Du erstaunt sein, wie leicht es ist, den einen oder anderen so spektakulär wirkenden Trick auszuführen. Fang mit den »Ollis« an – das sind Sprünge ohne Schanze – und mit Hopsern über kleine Buckel auf die Piste, und bau allmählich Dein Zutrauen zu diesen Sprüngen auf. Doch achte dabei stets auf die übrigen Pistenbenutzer.

Hoch hinaus
Luftsprünge kannst Du mit Geschick und Phantasie zu allen möglichen aufregenden Tricks abwandeln. Das Foto zeigt einen »Grab«, einen Griff an die Fersenkante des Boards. Es gibt unzählige Möglichkeiten, im Sprung nach dem Board zu greifen: an eine der Kanten, an Nose oder Tail, mit der linken oder rechten Hand. Weitere Variationen – alle mit verschiedenen Namen – gibt es, wenn man dabei das linke oder rechte Bein streckt oder »bont«.

Ein »Fakie backside 180° Indy«

Bevor Du diesen Trick probierst, mußt Du Dir aus vielen Sprüngen, Spins und Grabs eine Menge Selbstvertrauen und Geschicklichkeit angeeignet haben. Der »Indy« beginnt mit einer Schußfahrt rückwärts (Tail voran) und schließt eine 180°-Linksdrehung, den Griff an die Zehenkante und das Weiterfahren vorwärts ein.

Sichere Sprünge
Stell sicher, daß der Anlauf zum Sprung frei ist, daß danach reichlich Platz für die Landung ist, und daß weder Personen noch Hindernisse im Weg sind.

Der hintere Arm ist zum Balancehalten in der Luft.

3 Beim Absprung gib Dir mit der Rechtsdrehung der Schultern und Arme den Schwung für den anschließenden Spin nach links.

Verdreh Schultern und Arme entgegen der beabsichtigten Spin-Richtung.

4 Halt das Board durch gleichmäßiges Belasten der Füße waagerecht. Reich mit dem vorderen Arm hinunter zum Board und ergreif die Frontsidekante.

Heb beim Take-off das Tail leicht an und laß es nicht absinken.

Greif zwischen den Füßen nach der Zehenkante.

1 Starte entspannt und locker, Tail voran (fakie). Halt den Kopf hoch und sieh nach vorn. Versuche, nicht nach dem »Drop« (dem plötzlichen Abfall des Geländes) zu schauen.

2 Während Du auf die Schanze zufährst, beginne Dich vorzubereiten: Lehn Dich auf das leicht gebeugte hintere Bein zurück und verdreh Schultern und Arme entgegen der Richtung, in die der Spin gehen soll.

Einen »Olli« springen

Ein Olli ist ein kleiner Luftsprung ohne Schanze, also nur aus der eigenen Sprungkraft heraus. »Just for fun« kannst Du damit kleine Hindernisse überspringen. Üb Dich im Hochspringen auf der Stelle, heb dabei mit dem vorderen Fuß zuerst ab. Dann probier es in der Bewegung aus der Grundstellung heraus.

1 Geh in die Kniebeuge und verlagere das Gewicht in Richtung Tail.

2 Heb die Nose mit dem vorderen Fuß an und mach den Absprung vom hinteren Fuß aus.

3 Halt die Knie hochgezogen und verlagere das Gewicht wieder nach vorn.

4 Streck Dich für die Landung, aber laß die Knie leicht gebeugt, um den Stoß auffangen zu können.

5 Beim Landen belaste beide Füße gleichmäßig, um in gerader Linie weiterfahren zu können.

---

5 Laß die Kante rechtzeitig wieder los und beginn Dich im Spin aufzurichten. Faß den Landepunkt ins Auge.

6 Mit dem letzten Schwung aus der vornliegenden Hüfte dreh das Board in Fahrtrichtung (Nose voran), um geradeaus zu landen.

7 Federe die Landung mit gebeugten Knien ab und geh tief hinunter, um die Balance halten zu können.

8 Sobald die Landung geglückt und Dein Körper im Gleichgewicht ist, richte Dich auf und lauf weiter.

Slalomrennen

DAS FAHREN zwischen den im Zickzack den Hang hinunter aufgebauten Torflaggen eines Slalomkurses ist eine aufregende Sache und wieder etwas ganz anderes als Freestyle und Freeriding. Hier nämlich geht es nur noch um Präzision und Schnelligkeit beim Fahren einer Folge von Links- und Rechtskurven. Die Rider benutzen dafür lange, speziell hergerichtete Boards und Hardboots, um das hohe Tempo und die extreme Wendigkeit zu ermöglichen, die bei Meisterschaften nötig sind. Konkurrenzen, an denen auch Du Spaß haben könntest, gibt es auch auf niedrigeren Leistungsebenen.

Slalomtechnik

Für diese Disziplin werden die Kanten des Boards nicht zum Bremsen, sondern zum Lenken benutzt. Je weniger Du abbremsen mußt, um so besser. Dein Oberkörper soll in stetigem Rhythmus über der Nose hin und her schwingen und drehen, synchron mit einem dauernden Wechsel zwischen Beugen und Strecken der Beine. Wegen des Renntempos solltest Du stets einen Helm tragen.

1 Starte in Richtung auf die erste Torflagge. Geh tief in die Knie und belaste die Frontsidekante.

2 Streck die Beine etwas, um den Kantenwechsel vorzubereiten. Laß das Board flat laufen und erhöhe kurz das Tempo.

3 Leg Dich voll auf die Fersenkante und beug die Knie wieder, um tief hinunter zu kommen. Breite zum Balancehalten die Arme aus.

4 Die Nose passiert jetzt die Torflagge. Bleib voll auf der Fersenkante und konzentrier Dich auf das nächste Tor.

Passende Boots

Achte darauf, daß Deine Boots wirklich gut am Fuß sitzen, so daß jede Deiner Bewegungen präzise auf das Board übertragen wird.

Meisterschaften

Bei Wettkämpfen der Spitzenkönner zählt der Bruchteil einer Sekunde. Die Boards werden sorgfältig mit Spezialwachs behandelt, die Kanten auf optimales Tempo und scharfen »Cut« hergerichtet. Die Rider tragen hautenge Anzüge, um den Luftwiderstand zu verringern, und Schutzausrüstung (Helm, Arm- und Beinschützer) zur Vermeidung von Verletzungen.

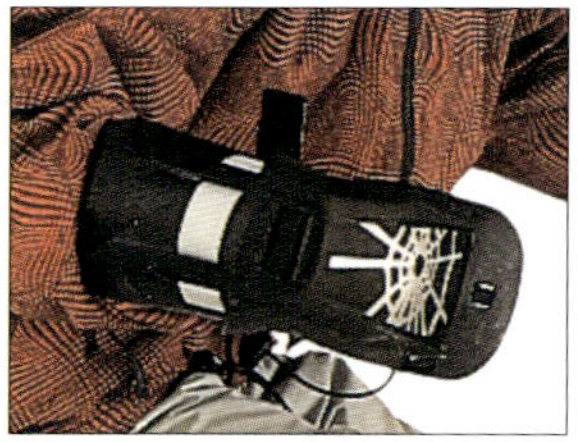

Armschützer

Beim hautengen Heranfahren an die Tore stoßen viele Rider die flexiblen Torstangen absichtlich zur Seite. Deshalb tragen sie zur Sicherheit Schlagschützer an den Armen.

5 Richte Dich allmählich auf und entlaste dabei die bremsende Fersenkante, um das Tempo wieder zu erhöhen.

Laß das Board wieder flach laufen.

6 Bei der Geradeausfahrt bis zum nächsten Tor leg das Timing und die Ideallinie für die folgende Kurve fest.

7 Verlagere Dein Gewicht nach hinten zum Tail, um die Nose anzuheben und so die Kanten schneller wechseln zu können.

Geh tief auf die Frontsidekante hinunter.

8 Leg Dich voll auf die Zehenkante und belaste dabei die Nose. Das erleichtert das Steuern des Boards, wenn Du durch das Tor carvst.

Mach so weiter bis ins Ziel.

Beinschoner

Ein Beinschoner am vorderen Schienbein vermindert die Verletzungsgefahr durch Anschlagen an die Torstangen.

Snowboardwettkämpfe

Es gibt verschiedene Slalomarten wie G.S. (Riesenslalom) und Super G. Sie unterscheiden sich in Länge und Breite der Piste, werden aber alle gegen die Uhr gefahren. Gleichzeitig mehrere Starter kämpfen beim Boardercross (Foto), einer relativ jungen Disziplin, die alle Aspekte des Snowboardens vom Slalom über Freeriding bis zum Freestyle umfaßt.

Snowboardwettkämpfe

DIE WETTKÄMPFE rund ums Snowboard entwickeln sich rasch, selbst in Ländern ohne schneebedeckte Berge. Es gibt drei Wettkampfsparten dieser Sportart – Freestyling, Slalom (auch Carving) und Boardercross, und Wettbewerbe werden auf allen Ebenen veranstaltet, lokale und nationale ebenso wie internationale Meisterschaften. Vielleicht möchtest Du ja nur zuschauen und hast keine Ambitionen, selbst dabei zu sein. Doch welchen Weg Du auch gehen magst, als Snowboarder wirst Du ganz sicher viele spannende Erlebnisse mit Deinen Freunden haben.

Boardercross
Das ist eine für Teilnehmer und Zuschauer gleichermaßen aufregende Sache, weil hier Rider dabei sind, die sonst Rennen fahren und carven, und Freestyler, die eher in der Halfpipe ihre großen Sprünge machen. Vier bis sechs Snowboarder sind in jedem Lauf gleichzeitig auf der Strecke. Wie beim Slalom geht der Kurs durch Tore, ist aber garniert mit Steilwandkurven (burns) und führt üblicherweise über Schanzen und Buckel und durch Senken.

Freeriding
Für viele begeisterte Snowboarder liegt das wirkliche Vergnügen an ihrem Sport nicht im Wettkampf, sondern im Fahren mit Freunden draußen in den Bergen. Im frischen Pulverschnee die ersten Spuren zu ziehen oder über natürliche Schanzen und Mulden zu springen, reizt sie mehr als stramm reglementierte Wettbewerbe und Veranstaltungen. Deshalb ist das Freeriding die beliebteste Betätigung der Snowboarder!

Halfpipe-Wettkampf
Die Halfpipe ist eine in den Schnee gegrabene, nach oben offene, halbe Röhre von großen Ausmaßen. Freestyler boarden die steilen Wände der Halbröhre hinauf, um dann erstaunliche Luftsprünge auszuführen. Die Kampfrichter bewerten Höhe und Schwierigkeit der Tricks sowie Harmonie und Stil der Bewegungen.

Auf dem Trocknen
Snowboarden ist in schneearmen Gebieten auch auf speziell präparierten Hängen (Dry-slopes) möglich. Im Wettkampf machen Freestyler von einer Schanze aus ihre Sprünge. Bewertet wird nach ähnlichen Kriterien wie bei Halfpipe-Konkurrenzen.

Wichtige internationale Wettbewerbe

Olympische Winterspiele
Sie werden alle vier Jahre ausgetragen. Neue Disziplinen sind Halfpipe und G.S. (Riesenslalom).

ISF-Weltmeisterschaften
Sie finden zweimal jährlich statt; Teilnehmer sind die Besten aus Halfpipe- und Slalomwettkämpfen.

ISF-Junior-Weltmeisterschaft
Einmal jährliche Austragung für alle Mitglieder der National Snowboard Association in zwei Gruppen (17-18 Jahre und unter 16 Jahre).

ISF World Series
Eine Serie von Wettkämpfen mit Slalom- und Halfpipe-Veranstaltungen, die den Teilnehmern Gelegenheit zum Gewinn von Punkten für die Weltrangliste geben.

ISF Masters World Cups
Wettkampf unter den Weltbesten (nur geladene Teilnehmer), wird dreimal jährlich veranstaltet.

Nations' Cup – Preis der Nationen
Mannschaftswettkampf für alle Nationen; eine Renn- und eine Freestyle-Veranstaltung.

Slalomrennen
Wie im Skisport wird auf dem abgesteckten Slalomkurs gegen die Uhr gefahren. Häufig sind hier aber zwei Parallelkurse vorhanden, auf denen zwei Teilnehmer gegeneinander und gegen die Uhr fahren.

Glossar

Beim Snowboarden lernen und beim Zuschauen kann es Dir helfen, die Bedeutung der nachfolgenden, häufig aus dem Englischen stammenden Fachausdrücke zu kennen.

A

Air Luftsprung, meistens von einer Schanze oder Halfpipe aus

B

Backside siehe Backsidekante

Backsidekante (auch heel edge oder Fersenkante) die Längskante des Boards auf der Fersenseite (backside), gleichgültig welcher Fuß vorn steht

Boardercross Wettkampf mit 4 bis 6 Teilnehmern auf einer Hindernisstrecke

Bonen Beinstreckung beim Sprung

C

Carven Kurvenfahren nahe am Grenzbereich auf den scharfen Kanten des Boards (heelside und toeside)

D

Drop Plötzliche Senke im Gelände, Sprunghügel

E

Edge Längskante des Snowboards (heel = Ferse, toe = Zehen)

F

Fakie Rückwärts fahren, also mit dem Tail voran

Fallinie Gedachte Linie, die auf direktestem und steilstem Wege den Hang hinab führt

Fersenkante siehe Backsidekante

Flat fahren »flach« oder geradeaus fahren mit zentral belastetem Board

Freeriding »Freies« Snowboarden aus Freude am Sport ohne Wettkampfambitionen, dort, wo es am meisten Spaß macht

Freestyle Sparte des Snowboardens, die das Fahren in der Halfpipe und andere Tricks und Sprünge umfaßt

Frontside siehe Frontsidekante

Frontsidekante (auch toe edge oder Zehenkante) die Längskante des Boards auf der Fußspitzenseite (frontside), gleichgültig welcher Fuß vorn steht

G

Goofy Stellung auf dem Board: rechter Fuß steht vorn (Gegensatz: Regular)

Grab, Grabben Griff mit der Hand an eine der Kanten beim Sprung

Ground trick Trick (kleines Kunststück) am Boden

Grundstellung Normale Ausgangshaltung auf dem Snowboard, Oberkörper leicht zur Nose hin gedreht

G.S. (Giant Slalom) Riesenslalom, Slalomrennen für Snowboarder auf mindestens 20 Meter breiter Piste mit 120-300 Meter Höhenunterschied

H

Halfpipe In den Schnee gegrabene U-förmige untere Hälfte einer Röhre, in der man Sprünge und andere Freestyle-Tricks ausführt

Hardboot Steife Stiefel mit Kunststoffschale für die Plattenbindung, von Wettkämpfern allgemein bevorzugt. Die steife Schale erlaubt präzisere Übertragung der Bewegungen

Heel edge siehe Backsidekante

Highback Stütze im Wadenbereich der Softbindung

I

Indy Sprung mit Grab der hinteren Hand nach der Zehenkante

ISF International Snowboard Federation (Weltverband der Snowboarder)

L

Leash Fangleine am Board, wird am Bein befestigt, damit das Board nicht allein davongleiten und andern gefährlich werden kann

N

Neutralstellung Ausgangshaltung auf dem Snowboard, Gewicht gleichmäßig verteilt, Front zur Zehenkante hin

Nose Vorderes Ende des Snowboards

Nose slide Anheben des hinteren Endes (Tail) des Boards und Gleiten auf der Nose

O

Obstacle Hindernis auf der Piste

Olli Luftsprung ohne Zuhilfenahme einer Sprungschanze

P

Plattenbindung Bindung für Hardboots mit federnden Bügeln

Powder Pulverschnee, Tiefschnee

R

Ramp Natürliche oder künstlich hergestellte Sprungschanze

Regular Stellung auf dem Board: linker Fuß steht vorn (Gegensatz: Goofy)

Rider Snowboardfahrer

S

Schrägfahren (auch traversing) Fahren quer zur Fallinie des Hangs; man steht auf der hangseitigen Kante, Gesicht zum Hang oder ins Tal

Schußfahrt Geradeausfahren in der Fallinie

Sideslipping Rutschen auf einer Kante den Hang hinunter; das Board liegt quer zur Fallinie

Slalom Snowboardrennen durch die Tore eines markierten Kurses

Snurfer Früheste Art des Snowboards; der Name ist eine Zusammenziehung von »snow« und »surfer«

Softbindung Bindung für Softboots mit Riemenbefestigung

Softboots Elastische Schnürstiefel für die Softbindung, von den meisten Freestylern und vielen Freeridern bevorzugt

Spin Rasche Drehung in der Luft oder auf der Stelle

Step-In-Bindung Neuere, automatisch schließende Ausführung der Plattenbindung

Super G Slalomrennen für Snowboarder auf mindestens 30 Meter breiter Piste mit 300-500 Meter Höhenunterschied

T

Tail Hinteres Ende des Snowboards

Tail slide Anheben des vorderen Endes (Nose) des Boards und Gleiten auf dem Tail

Toesidekante siehe Frontsidekante

Tricks allgemein für: »kleine Kunststücke« auf dem Snowboard

W

Waist (auch sidecut) Taillierung des Boards an beiden Längsseiten (Board ist in der Mitte schmäler als an den Enden)

Z

Zehenkante siehe Frontsidekante

Register

Nützliche Adressen

Hier folgen die Adressen einiger Snowboard-Organisationen, die Dir vielleicht weiterhelfen können.

International Snowboard Federation (ISF)
Pradlerstraße 21
A-6020 Innsbruck
Tel: (0043)-(0)512-342834
Fax: (0043)-(0)512-342834-2

Deutscher Skiverband (DSV)
Hubertusstr. 1
D-82152 Planegg
Tel: (0049)-(0)89-857900
Fax: (0049)-(0)89-85790247

Deutscher Snowboard-Dachverband (DSDV)
Zetzelsbergerstraße 3
D-81476 München
Tel: (0049)-(0)89-7595061
Fax: (0049)-(0)89-7459950

Austrian Snowboard Association
Leopoldstraße 4
A-6020 Innsbruck
Tel: (0043)-(0)512-565675

Österreichischer Skiverband
Olympiastraße 10
A-6020 Innsbruck
Tel: (0043)-(0)512-335010
Fax: (0043)-(0)512-361998

Schweizer Ski-Verband (SSV)/ Fédération Suisse de Ski (FSS)
Worbstr. 52
Postfach 478
CH-3074 Muri
Tel: (0041)-(0)31-9506111
Fax: (0041)-(0)31-9506110

Swiss Snowboard Association (SSBA)
Lenggstr. 26a
Postfach 371
CH-8029 Zürich
Tel: (0041)-(0)1-3885070
Fax: (0041)-(0)1-3885075

Rachel Arash Kate Tariq Ryan

Danksagung

Der Verlag Dorling Kindersley möchte sich bei allen denen bedanken, die bei der Herstellung dieses Buches mitgewirkt haben, ganz besonders bei:

Steve Davis für seine technische Beratung und Hilfe bei der Herstellung der Fotos; allen jungen Snowboardern für ihre Mitwirkung, ihre Geduld und ihre Begeisterung bei den Aufnahmen; den Firmen 1-2-Freeride, Radair, Nice und Burton für das Leihen der Ausrüstung; Nicholas Hewetson für die Zeichnungen zu diesem Buch; Almudena Díaz für das DTP-Design; Trisha Grogan für die redaktionelle Unterstützung; Jo Maliviore für weitere Hilfe beim Design; Sophia Tampakopoulos für die Umschlaggestaltung.

Fotonachweis
(O=oben, U=unten, M=Mitte, L=links, R=rechts)
Allsport: Antow Want 9ML, Mike Cooper 32UR;
AppalSport: Allan Green 34OR, Sang Tan 9UL, 34UR, Stig 9UM und 33OR;
Burton Snowboards: 9OL, Team-Rider Bryan Iguchi 8OL, Richard Walsh/Team-Rider Peter Bauer 34MR, John Foster/Team-Rider Terje Haakonsen 25MR, Team-Rider Nicolas Conte 27UL;
Jonno Gibbins: 23OR;
Lee Irvine: 10OL, 34UL, 34MR;
John Layshock: 8UR, 8ML, 8UL, Frontcover-OL, Rücken-UR und letzte Innenseite-O;
Sims Sports: 9M;
Jess Stock/Stock Shot: 21OR, 22UL, 34OR, 30OR und Endpaper.